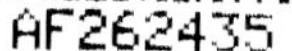

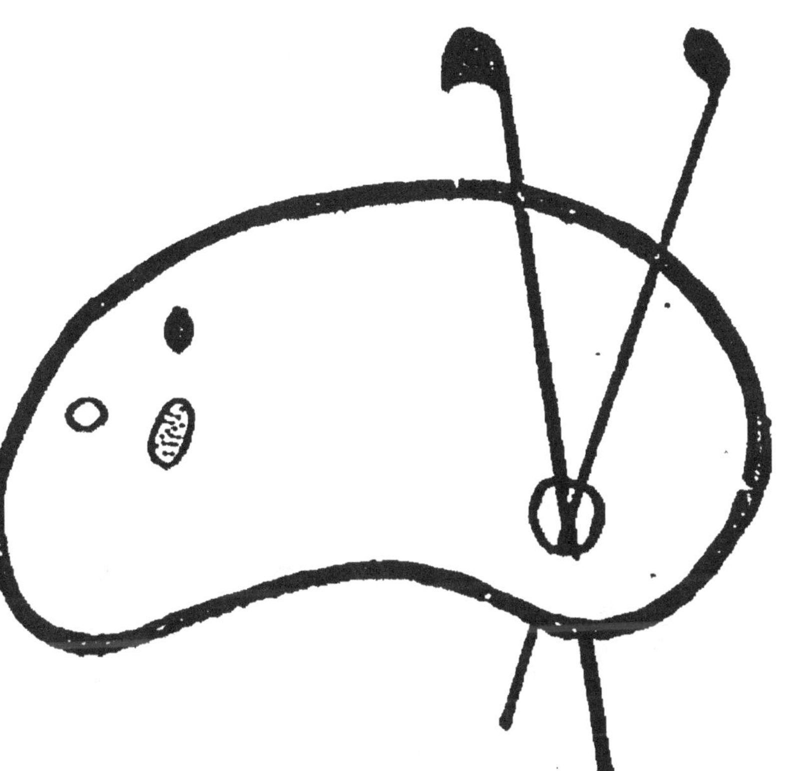

DEBUT D'UNE SERIE DE DOCUMENTS
EN COULEUR

Couverture inférieure manquante

CANAL DE SUEZ

QUESTION DES TARIFS

DEUX LETTRES

ADRESSÉES A

M. Paul LEROY-BEAULIEU

Membre de l'Institut, Directeur de l'ÉCONOMISTE FRANÇAIS

Par M. Louis MAGOIS

ANCIEN NOTAIRE

PRÉSIDENT DU COMITÉ DE DÉFENSE DU CANAL DE SUEZ

SUIVIES D'UNE NOTE

sur les explications publiées dans l'ÉCONOMISTE FRANÇAIS
du 15 décembre 1888
en réponse auxdites lettres

PARIS

BOURLOTON, LIBRAIRE-ÉDITEUR

20, Boulevard Montmartre, 20

—

1889

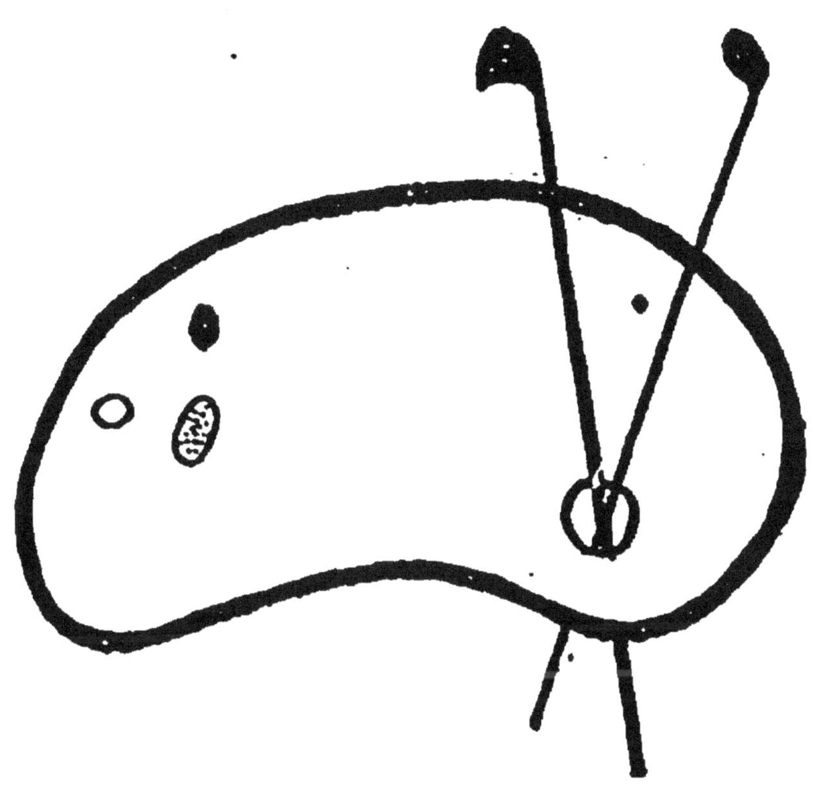

FIN D'UNE SERIE DE DOCUMENTS
EN COULEUR

CANAL DE SUEZ

QUESTION DES TARIFS

DEUX LETTRES

ADRESSÉES A

M. Paul LEROY-BEAULIEU

Membre de l'Institut, Directeur de l'*ÉCONOMISTE FRANÇAIS*

Par M. Louis MAGOIS

ANCIEN NOTAIRE
PRÉSIDENT DU COMITÉ DE DÉFENSE DU CANAL DE SUEZ

SUIVIES D'UNE NOTE

sur les explications publiées dans l'*ÉCONOMISTE FRANÇAIS*
du 15 décembre 1888
en réponse auxdites lettres

PARIS

BOURLOTON, LIBRAIRE-ÉDITEUR

20, Boulevard Montmartre, 20

—

1889

1re LETTRE

A monsieur Paul LEROY-BEAULIEU, membre
de l'institut, directeur de l'*Économiste
Français*.

Paris, le 26 novembre 1888.

Monsieur,

L'article sur les revenus futurs du Canal de
Suez publié dans l'*Économiste Français* du 4 août
dernier (pages 152 et 153) contient des apprécia-
tions fort justes, mais il a le grand tort, à mon
avis, d'être basé sur un état de choses purement
hypothétique, dont la réalisation serait un véritable
scandale, et qui très probablement, pour cette raison, ne sera jamais réalisé.

Je prends la liberté de vous communiquer, Monsieur, au sujet de cette question que j'ai beaucoup
étudiée, des renseignements que je crois très exacts,
et que je résume dans les observations ci-après :

Je relève d'abord, dans l'article dont il s'agit, la
phrase suivante :

« Nous avons dit que pendant vingt à trente ans,
» par suite d'engagements pris, les répartitions
» resteraient fixées aux chiffres ci-dessus. » (*Ces
chiffres sont : 90 à 93 francs pour l'action, soit,*

*net d'impôts, 85 à 88 francs, et revenu propor-
tionnel pour les autres titres.)*

Ce que le rédacteur, en parlant d'engagements pris, vise et sous-entend dans ce paragraphe, c'est *l'abaissement projeté des tarifs;* c'est le droit à percevoir, pour le transit par le Canal, *réduit graduellement et par diminutions successives à 5 francs par tonne.*

C'est donc à l'abaissement des tarifs dans ces proportions énormes qu'il attribue la déplorable perspective d'un *enraiement,* pendant vingt ou trente ans, du progrès qui s'était toujours accompli antérieurement sur les recettes et, comme conséquence, sur les répartitions de l'entreprise du Canal.

En cela, il a tout à fait raison.

Mais il se trompe absolument, d'un autre côté, quand il s'exprime au sujet de l'abaissement des tarifs comme si cet abaissement était irrévocablement décidé, et comme si son entière application dans l'avenir était certaine.

Si l'on ne savait à combien de travaux divers donnent lieu, chaque jour, la préparation et la rédaction d'un organe aussi important que le vôtre, combien sont nombreuses les questions à traiter, et combien il est difficile, par suite, de les connaître et les posséder toutes avec une entière exactitude, on aurait peine à s'expliquer, Monsieur, que votre rédacteur eût ainsi établi son raisonnement sur des données entièrement inexactes, et qu'il n'eût pas fouillé la question plus à fond avant d'admettre comme un fait accompli ce qui n'est, à l'heure qu'il est, qu'un malencontreux projet, déjà condamné par l'essai partiel qui en a été fait, et tellement déraisonnable qu'on peut le considérer, dès à présent, comme absolument inexécutable.

De quoi s'agit-il, en effet?

De dépouiller de leur droit de propriété, dans la proportion *de moitié et au-delà,* les actionnaires et autres associés du Canal de Suez.

C'est là une chose bien grave, et il n'est pas aussi facile qu'on semble le croire de la mener jusqu'au bout.

L'exécution du programme est commencée, cela est vrai, mais on l'a commencée en déclarant qu'il ne s'agissait que d'un essai, sur lequel on pourrait toujours revenir. Ce qui a été fait est d'ailleurs bien peu de chose à côté de ce qui reste à faire.

Le droit des actionnaires au maintien intégral de leurs tarifs et l'obligation, pour les administrateurs, de respecter ce droit, sont choses indiscutables, ainsi que je vais facilement l'établir.

La Convention internationale de 1876, d'après les propres paroles de M. le Président de Lesseps, est actuellement, en matière de tarifs, LA LOI DES ACTIONNAIRES.

Cette convention, après avoir établi transitoirement pour le passage des navires un droit de 13 francs par tonne nette anglaise, réductible à 10 francs par périodes successives et dans un délai de huit années, a arrêté et fixé ce dernier chiffre de *10 francs* comme devant être pendant toute la durée de la concession, avec le droit de pilotage et les autres droits accessoires autorisés au début de l'entreprise, la base de la rémunération de la Compagnie.

DIX FRANCS PAR TONNE NETTE ANGLAISE, outre les droits accessoires, tel est donc aujourd'hui *le droit dû à la Compagnie* pour le transit des navires par le Canal.

La Compagnie, sans doute, a la faculté de le réduire, mais comme toute réduction dépend d'elle, et d'elle seule, il est clair qu'elle ne doit se décider à réduire que si elle y trouve son compte, c'est-à-dire si, pour une raison quelconque un grand accroissement de transit dû aux réductions, par exemple, elle gagne plus en réduisant qu'en ne réduisant pas.

Si, au contraire, les réductions, non compensées ou compensées insuffisamment, doivent lui être préjudiciables, elle doit s'abstenir.

Et nécessairement ses administrateurs, qui la représentent, qui, dans tous leurs actes, sont tenus de s'inspirer de son intérêt, *doivent également s'abstenir.*

Voilà la règle, et nul ne peut s'y soustraire. En dehors de l'intérêt de la Compagnie et de l'avantage qu'elle pourrait y trouver, rien ne peut légitimer les réductions.

Or comme, dans le cas qui nous occupe, les réductions, loin d'être avantageuses pour la Compagnie, dépouillent les actionnaires, il est de la dernière évidence que les administrateurs n'auraient pas dû les commencer il y a cinq ans, et qu'aujourd'hui le devoir leur commande impérieusement de ne pas les continuer.

Mais, dira-t-on peut-être, l'article 34 des statuts confère aux administrateurs le pouvoir de fixer et modifier les droits à percevoir. Ne pourront-ils pas, s'ils persistent, envoyer promener les actionnaires et se prétendre irresponsables en invoquant cet article?

Pas le moins du monde.

En leur conférant le pouvoir dont il s'agit, l'article 34 des statuts ne les décharge nullement de l'obligation légale qui leur incombe, et qui leur incombe *absolument*, d'exécuter leur mission en bons pères de famille, au mieux des intérêts de l'entreprise, et de ne rien faire volontairement *contre ces intérêts.* De par l'article 31 du Code de commerce et ledit article 34 des statuts, ils sont *des mandataires,* et, d'après l'article 1992 du Code civil, le mandataire, *et surtout le mandataire salarié,* répond des fautes qu'il commet dans sa gestion. Or, n'est-ce point commettre une faute, *et une faute des plus graves,* que de compromettre les intérêts des actionnaires par des réductions de droits déraisonnables et inopportunes, et de diminuer ainsi arbitrairement et, comme dans l'espèce, *dans des proportions énormes,* les recettes et les bénéfices légitimes de l'entreprise?

Passant à un autre ordre d'idées, j'ai à vous faire remarquer, Monsieur (et en le faisant je ne crois rien vous apprendre), que, contrairement à l'opinion exprimée par votre rédacteur, les actionnaires ne sont liés par aucun engagement.

C'est à tort que certaines personnes ont pensé que le vote émis à l'assemblée générale des action-

naires du 12 mars 1884 oblige la Compagnie à exécuter les réductions.

Il n'en est absolument rien.

D'abord, un engagement en dehors des cas pré-
vus par les statuts (comme serait celui dont il s'agit)
ne pourrait être pris valablement à la faible majorité qui a été obtenue (843 voix contre 761). Pour un
cas de ce genre, il faudrait (art. 56 des statuts) *les
deux tiers au moins des voix exprimées* (1).

En second lieu, la question avait été posée de telle
sorte qu'une réponse affirmative, *même faite à
l'unanimité,* ne pouvait impliquer aucune espèce
d'engagement.

Le Conseil judiciaire de la Compagnie s'est net-
tement exprimé à ce sujet dans sa consultation du
29 mars 1884, relative aux protestations alors for-
mulées contre le vote du 12 du même mois dont je
viens de parler (2), et notamment dans les deux pas-
sages suivants :

Premier passage :

« Il peut donc (le Conseil d'administration) réduire
» etc... Et quand il le fait *à titre d'essai, sans
» aucun engagement définitif,* ne stipulant qu'avec
» lui-même et avec ses actionnaires qu'il consulte,

(1) Il importe de noter ici que même avec une majorité attei-
gnant ou dépassant les deux tiers des voix exprimées, le vote
serait encore sans valeur, surtout à l'égard des absents ou des
dissidents, si les mesures qu'il consacre étaient, comme dans
l'espèce, des mesures spoliatrices, dépossédant les actionnaires
et leurs co-associés d'une partie importante de leurs droits, et
revêtant ainsi le caractère d'une sorte de disposition à titre
gratuit, qui exige le consentement personnel du disposant *(art.
893 et suivants du Code civil)*, et ne peut se réaliser par délibération.

(2) Voir *Bulletin décadaire* du 12 avril 1884.

» quel est le reproche sérieux d'illégalité qui peut
» lui être adressé? »

Deuxième passage :

« Et d'ailleurs, il est parfaitement inexact de dire
» que l'assemblée ait été appelée à voter sur des
» questions diverses et moins encore sur l'accepta-
» tion ou le rejet d'un projet de convention. L'objet
» unique du vote actuellement discuté, c'était l'ap-
» probation du rapport du Président, portant lui-
» même *non sur une convention synallagmatique*
» *de nature à lier la Compagnie vis-à-vis des*
» *tiers*, mais sur un *programme* que le Conseil
» d'administration avait cru utile d'adopter pour le
» présent, *en réservant l'avenir*, et qu'il jugeait
» utile de soumettre à l'adhésion des actionnaires.
» Rien de plus explicite à cet égard que la décla-
» ration suivante que nous trouvons à la fin du
» rapport :

> « Tel est, Messieurs, le programme que nous
> » vous apportons, revêtu de l'adhésion des prin-
> » cipaux armateurs de l'Angleterre, des princi-
> » paux clients du Canal maritime. On a donné
> » *à tort* à ce document le nom de *contrat* ou
> » *convention*. C'est un *programme* que la Com-
> » pagnie a préparé, dans sa pleine indépen-
> » dance, après s'être assuré qu'il donnait satis-
> » faction aux désirs exprimés par les armateurs.»

M. Charles de Lesseps, Vice-Président, parlant
au nom du Conseil d'administration, a, de son côté,
formellement reconnu que rien ne lie les actionnaires dans plusieurs circonstances, notamment

aux assemblées générales des 5 juin 1887 et 15 mai 1888.

IL N'Y A DONC PAS D'ENGAGEMENTS PRIS.—La question est restée entière, et, dans les limites fixées par la Convention de 1876, les actionnaires sont encore aujourd'hui, comme ils l'étaient avant le programme de Londres et le vote de l'assemblée générale du 12 mars 1884, LES MAITRES ABSOLUS DE LEURS TARIFS.

On avait parlé aussi, autrefois, de contrainte extérieure pouvant avoir pour effet de rendre les réductions obligatoires. Je n'en reparle ici que pour mémoire, car il a été prouvé vingt fois qu'il n'y en a jamais eu et qu'il ne peut pas y en avoir, et les auteurs des réductions reconnaissent eux-mêmes qu'ils ont toujours agi et qu'ils agissent encore avec la plus entière indépendance.

Dans un autre passage du travail dont je m'occupe, le rédacteur s'exprime ainsi :

« Avant de distribuer un dividende de plus
» de 90 à 93 francs aux actionnaires, il faudra
» d'abord que la Compagnie regagne les 10 millions
» environ d'intérêts du capital affecté aux travaux
» en cours d'exécution. Il faudra ensuite qu'elle
» rattrape 4 fr. 50 pour chacune des 6,400,000
» tonnes qui forment à peu près son trafic actuel, soit
» 28,800,000 francs, en tout 38,800,000 francs. Il y
» aura bien, il est vrai, quelques recettes acces-
» soires ; mais, d'autre part, il y aura aussi quelques
» accroissements de dépenses d'entretien. Ces deux
» éléments peuvent se neutraliser. Pour trouver ces

» 38,800,000 francs, à 5 francs par tonne nette, il
» faut 7,760,000 tonnes nettes de navires. Un
» accroissement de 7,760,000 tonnes nettes deman-
» dera un temps considérable. En supposant que le
» trafic s'accroisse régulièrement de 320,000 tonnes
» par an, soit environ 5 0/0 du trafic actuel, il fau-
» drait vingt-quatre ans et demi pour que le tran-
» sit s'accrût de ces 7,760,000 tonnes. En supposant
» un accroissement moyen de 400,000 tonnes, il
» faudrait encore plus de dix-neuf ans. »

Ce raisonnement est parfait, mais avec cette
réserve qu'il ne s'agit que d'une hypothèse, et que
par suite les futurs « il faudra » employés au cours
de la rédaction doivent être remplacés par des *con-
ditionnels*. Pour être tout à fait dans la vérité, au
lieu de : « Avant de distribuer un dividende de 90
» à 93 francs aux actionnaires, il faudra d'abord,
» etc..., il faudra ensuite, etc... », il faut lire comme
s'il y avait : « Avant de distribuer, etc..., si le pro-
» jet de réduire le droit à percevoir à 5 francs par
» tonne se réalisait, il faudrait d'abord, etc... ; il fau-
» drait ensuite, etc... .»

Le dit passage continue ainsi :

« Ce sont là des plus-values annuelles très fortes.
» On ne peut les admettre à l'état continu qu'en
» supposant, ce qui est vraisemblable, que la baisse
» des tarifs détournera au profit de Suez une forte
» partie du trafic suivant la voie du Cap, etc... »

On considère comme vraisemblable, dans ce paragraphe, que l'abaissement des tarifs procurera au
Canal de Suez, en dehors de ce qu'il gagnerait sans

cet abaissement, une forte partie du trafic qui suit encore la voie du Cap.

Cette supposition est en contradiction avec les faits déjà accomplis. J'ai démontré ailleurs, à l'aide de documents et de chiffres officiels *(Brochure : Faits et arguments nouveaux contre l'abaissement des tarifs, et Discours à l'assemblée générale du 15 mai 1888)*, que depuis la mise en pratique, inaugurée en 1884, d'un commencement de réduction des tarifs (1 fr. 25 sur les 5 fr. 75 à réduire d'après le programme), les progrès du Canal sur le Cap, loin de s'accentuer davantage, ont sensiblement diminué. Sans doute il n'en sera pas toujours ainsi, et il pourra y avoir, avec comme sans abaissement des tarifs, des périodes meilleures, mais il est clair qu'un pareil début n'est pas de nature à faire prévoir, pour l'avenir, une grande influence des réductions sur le transit du Canal. J'ai prouvé en outre, d'ailleurs, par des calculs irréfutables et faciles à vérifier, qu'alors même que, contrairement à toute vraisemblance, les réductions feraient gagner au Canal sur le Cap la totalité des suppléments de transit qu'on a promis d'elles, leurs bons effets relatifs seraient toujours insignifiants à côté des sommes énormes qu'elles feraient perdre, et que, par suite, l'application des détaxes projetées n'en serait pas moins pour l'entreprise une opération désastreuse, conduisant fatalement à un amoindrissement considérable des droits et avantages appartenant aux actionnaires. En présence de ces vérités publiquement constatées, et qui n'ont jamais été réfutées parce que la réfutation en est impossible, ne serait-ce pas se laisser aller à une regrettable illusion que d'attribuer une importance sérieuse, au point de vue de la prospérité de l'entreprise, à cette question des suppléments de transit à attendre de la baisse des tarifs (1)?

Il est bon de noter du reste, à ce propos, que cédant à la force des choses, le rédacteur de l'article reconnaît lui-même implicitement la pauvreté relative et l'insuffisance des suppléments dus à cette cause qu'il envisage comme possibles, puisque, même en en tenant compte dans ses calculs, il constate qu'avec les détaxes le revenu des actionnaires *restera stationnaire pendant vingt ou trente ans.*

(1) D'après les probabilités, le Canal doit absorber, dans un temps donné, les 5/6 environ du transit total entre l'Europe et l'Extrême-Orient. C'est là approximativement son maximum dans l'avenir, le dernier sixième ne pouvant, en aucun cas, être enlevé au Cap. Avant l'essai des réductions, il en avait déjà les 2/3 *ou les* 4/6 ; il ne lui restait donc à acquérir *qu'un sixième.*

Devant la seule constatation de ce fait, devant la preuve que le gain restant à faire sur le Cap était déjà alors limité à ce sixième *(lequel sixième, avec ou sans réductions, ne pouvait d'ailleurs venir au Canal brusquement et d'un seul coup, mais seulement petit à petit, par progrès lents et successifs),* que deviennent les affirmations si souvent répétées de grands bénéfices réalisés et à réaliser dans la lutte contre le Cap, grâce au procédé magique de la réduction progressive du droit à 5 francs ?

Peut-on rien de plus fantaisiste et de moins sérieux que ces déclarations de succès imaginaires faites en toute occasion, pour essayer de justifier les mutilations infligées aux tarifs, et qui sont comme stéréotypées dans les rapports officiels ?

Nous l'avons déjà dit, ce n'est pas de ce côté qu'il faut chercher ce qui assurera, dans l'avenir, le complet développement du transit du Canal. Ce résultat, il faut l'attendre surtout des progrès qui s'accomplissent chaque jour dans l'Extrême-Orient, pour la plupart sous l'influence de l'élan donné par le Canal lui-même, et qui procurent et procureront pendant longtemps encore, audit transit, des éléments incessamment renouvelés,

Sans les détaxes, au lieu de demeurer stationnaire, ce revenu (en dehors des 25 francs fixes d'intérêt) s'accroîtrait d'année en année, et se trouverait *plus que doublé* en moins de quinze ans, ainsi que le démontre le calcul suivant :

6,400,000 tonnes nettes anglaises *(trafic actuel par année)* × 1 fr. 25 *(réduction par tonne appliquée à tort en ce moment)* = 8,000,000 francs *(recette en plus par année si on cessait la réduction)*, ci...................... 8,000,000ᶠ »

300,000 tonnes nettes anglaises *(évaluation approximative de l'accroissement moyen par année)* × 15 années = 4,500,000 tonnes × 10 fr. 75 *(prix de la tonne sans réduction, pilotage compris)* = 48,375,000 francs *(augmentation de la recette annuelle)*, ci.. 48,375,000 »

____

Augmentation totale............ 56,375,000 »

Dans 15 ans, si on ne faisait pas de réductions, le produit annuel du transit se trouverait donc augmenté de 56,375,000 francs.

Prélévement fait, sur cette somme, des 10,000,000 de francs représentant la charge supplémentaire annuelle occasionnée par l'agrandissement du Canal, il resterait net 46,375,000 francs, lesquels seraient des bénéfices nets, puisque les recettes actuelles sont plus que suffisantes pour acquitter les charges anciennes (1), et qui, réparties entre les ayants droit conformément aux statuts, donneraient, comme supplément de revenu, savoir :

	ACTION	PART DE FONDATEUR	PART CIVILE
A l'action......	82ʳ 32		
A la part de fondateur..........		46ʳ 37	
A la part civile..			82ʳ 32
Le revenu actuel étant environ :			
Pour l'action (en dehors des 25 fr. fixes d'intérêt)....	65 »		
Pour la part de fondateur........		36 50	
Pour la part civile.............			65 »
Le revenu total, dans le délai qui vient d'être indiqué, serait :			
Pour l'action (en dehors des 25 fr.			
A reporter....{	82 32	46 37	82 32
	65 »	36 50	65 »

(1) Quant aux quelques accroissements de dépenses d'entretien auxquels il faut s'attendre, il y sera facilement pourvu avec les recettes accessoires sur lesquelles on doit également compter. Ainsi que l'a dit fort justement votre rédacteur dans le passage de son article cité plus haut à la page 8, ces deux éléments devront se neutraliser.

	ACTION	PART DE FONDATEUR	PART CIVILE
Reports .... {	82 32 65 »	46 37 36 50	82 32 65 »
d'intérêt).........	147 32		
Pour la part de fondateur		82 87	
Pour la part civile..............			147 32
Proportion de l'accroissement :			
Action.........	126 1/2 %		
Part de fondateur..............		127 1/8 %	
Part civile			126 1/2 %

Voilà, très approximativement, sans exagé-
ration, croyons-nous, et aussi exactement que
possible (1), à quels résultats l'entreprise, bien

(1) Le chiffre de 300,000 tonnes adopté comme moyenne de
l'accroissement annuel est assurément très modéré. Il y aura
quelquefois un accroissement moindre, ou même parfois du
déficit, mais il y aura aussi des accroissements supérieurs, pouvant atteindre, comme cette année par exemple, 7 ou 800,000
tonnes et même plus.

Si on supposait, contrairement à toute probabilité, un accroissement annuel moyen de 200,000 tonnes seulement, l'augmentation du revenu, après 15 ans écoulés, atteindrait encore les chiffres
suivants : — action, 57 fr. 20 ; — part de fondateur, 32 fr. 22 ; —
part civile, 57 fr. 20. — Proportion de l'accroissement : — action
(en dehors des 25 francs d'intérêt), 88 0/0 ; — part de fondateur
88 1/3 0/0 ; — part civile, 88 0/0.

Pour avoir le revenu doublé, avec cette hypothèse, il faudrait
18 ans.

administrée et conservant ses droits intacts, aboutirait au bout de quinze ans.

Qu'on la suppose, au contraire, dépouillée par les réductions, son revenu, ainsi que votre rédacteur l'a justement constaté, *demeurera stationnaire pendant vingt ou trente ans.*

Et jusqu'à la fin de la concession, ledit revenu supportera, naturellement, le déficit qu'occasionnera un droit de 5 fr. remplaçant un droit de 10 fr. 75.

Mais le commerce et l'humanité, dira-t-on, profiteront des réductions !

Le commerce et l'humanité, qu'on le sache bien, ne sont pas sérieusement intéressés dans la question. Devant l'importance énorme des affaires auxquelles le Canal prête son concours et des capitaux qu'elles représentent, et en raison de la valeur relative des marchandises transportées, ce sont des vétilles que des différences de quelques francs par tonne *(pour un passage qui économise un trajet supplémentaire de 3,000 lieues et plus)* sur le droit à percevoir. Quand les marchandises arrivent au petit commerce et au consommateur, le supplément perçu est tellement divisé, pulvérisé pour ainsi dire, qu'il n'est plus appréciable et que personne ne s'en occupe.

Les actionnaires, d'ailleurs, ne sont ni des législateurs ni des philanthropes. Ils font valoir leur propriété comme chacun fait valoir la sienne. Si les gouvernements, sous prétexte de progrès et d'humanité, veulent faire mieux que la Compagnie et exempter le commerce de la charge du péage, qu'ils achètent le Canal, et qu'ils suppriment les droits ensuite. Les réformes de ce genre doivent être faites par les États. On ne peut les demander à des particuliers, qui joueraient un rôle de dupes en en faisant seuls les frais.

Cette digression terminée, je reviens à mon sujet, et je pose les questions suivantes :

A quel titre et de quel droit enlèverait-on aux actionnaires une partie considérable, *la moitié et même plus*, des avantages attachés à leurs titres, avantages qui sont la conséquence directe et légitime de leur droit de propriété?

Pourquoi, d'ailleurs, veut-on le faire?

Quelle raison peut-on invoquer pour légitimer un pareil mode d'administration?

Nous avons à diverses reprises, depuis cinq ans, interrogé nos maîtres à ce sujet. Ils ne nous ont jamais répondu qu'en affirmant du haut de leur autorité, sans fournir ni arguments ni preuves, sans produire aucun chiffre, et sans préciser aucun fait, qu'en principe les diminutions de tarifs sont avantageuses pour ceux qui les réalisent, et qu'en particulier celles qu'ils font doivent donner et donnent des résultats excellents.

Qu'on consulte leurs discours annuels et le langage des nombreux journaux à leur dévotion, on n'y trouvera pas autre chose.

A l'assemblée générale du 15 mai 1888, des faits précis, prouvant le mal-fondé des détaxes, leur ayant été signalés, et des explications leur ayant été demandées, ils ont éludé la réponse en déclarant qu'ils n'avaient pas étudié ces faits *(que leur situation cependant leur faisait un devoir de connaître)*, et qu'il leur fallait du temps pour en vérifier l'exactitude.

Depuis, ils ont eu le temps de vérifier, et ils auraient pu répondre dans leurs journaux. On attend toujours la réponse.

Ne trouverez-vous pas avec nous, Monsieur, que de simples affirmations, toujours faites en termes généraux, sans indication de faits et sans preuves, et le *mutisme* quand des questions embarrassantes sont posées, sont des procédés d'information et de renseignement insuffisants pour les actionnaires, que ces derniers ne peuvent s'en contenter, et que la théorie des détaxes, qui consiste à soutenir que moins on reçoit, plus on gagne, ne peut indéfiniment se perpétuer?

Le moment va bientôt arriver où il faudra décider, le revenu de 90 francs par action étant dépassé, si l'on fera, ou non, de nouvelles réductions. Le parti de la protestation se prépare à reprendre, à cette occasion, la lutte déjà entreprise. Ses revendications, qui ont trait à des intérêts considérables, sont aussi légitimes en équité que bien fondées en droit. Il croit savoir que vous êtes de cet avis, et il espère que vous serez avec lui.

Vous m'avez fait remarquer il y a quelque temps, Monsieur, que le fait accompli serait peut-être un obstacle difficile à vaincre pour la partie déjà appliquée du programme des détaxes.

Bien que l'application ait eu lieu à titre d'essai, et que, l'essai ne réussissant pas, il n'en résulte aucun lien pour la Compagnie, on ne peut se dissimuler qu'il peut y avoir là, en effet, une grande difficulté.

Le parti de la protestation en tiendra compte, et si, après examen et débat, il était démontré qu'une concession modérée fût sage ou nécessaire, qu'il y eût lieu, par exemple, de s'en tenir au droit unique de 10 francs par tonne pour le transit et d'abandonner le droit de pilotage, il se pourrait qu'il entrât dans cette voie et qu'il se montrât favorable, sur ce point, à une transaction.

Mais pour la partie non appliquée, il sera inflexible. De ce côté, aucune difficulté n'existe. Ce qui n'a pas été fait jusqu'ici, rien n'est plus facile que de continuer à ne pas le faire. Les conséquences de l'entière exécution du programme seraient d'ailleurs si graves que la moindre hésitation, de sa part, serait sans excuse. Il combattra donc résolument et avec énergie (sa décision à ce sujet est certaine dès à présent) toute nouvelle réduction de tarifs.

Veuillez agréer, Monsieur, l'assurance de ma considération distinguée.

L. MAGOIS,

Propriétaire à Paris, 1, rue du Général-Foy.

2me LETTRE

Paris, le 8 décembre 1888.

Monsieur,

Le nouvel article sur les dividendes du Canal de Suez publié dans l'*Économiste Français* du 1er de ce mois (pages 683 et 684) contient ce qui suit :

« ......, et parce que, en outre, il y aura lieu
» de partager avec les armateurs (au moyen de
» détaxes) l'excédent des recettes au-delà de ce
» dividende de 90 fr. Pour qu'il n'y ait aucune er-
» reur sur la manière dont s'opèrera ce partage,
» nous croyons devoir reproduire textuellement
» le texte même de l'arrangement intervenu en
» 1881. »

» Art. 8. — A partir du 1er janvier 1885, la
» Compagnie diminuera, etc... »

» Art. 9. — Il est entendu, dans les clauses
» qui précèdent, que le bénéfice sur lequel
» doit être calculée la réduction des droits
» comprendra, etc... »

. Ce que le rédacteur a voulu indiquer, c'est le programme de Londres, rédigé et signé, non en *1881*, mais en *1883*. Ce qu'il a cité textuellement, c'est un extrait de ce programme.

Les expressions dont il s'est servi, et la teneur

elle-même des articles du programme, pourraient faire croire que dans ce document on a arrêté des mesures, fait des conventions, pris des engagements.

Il n'en est absolument rien.

Le document dont il s'agit, qualifié de *Meeting de Londres* sur les copies publiées par le Conseil d'administration, débute ainsi :

« Dans cette séance, M. Charles A. de Lesseps
» a invité les membres présents à exprimer leur
» opinion sur les questions se rattachant au Canal
» de Suez. »

« Ensuite de quoi, une discussion et un échange
» de vues ayant eu lieu, on est tombé d'accord que
» les douze points suivants constituent *les condi-*
» *tions désirables* pour l'administration future du
» Canal de Suez. »

Viennent ensuite douze articles (dont font partie les deux indiqués ci-dessus) énumérant les conditions *jugées désirables.*

Le tout est signé par sept armateurs anglais et par M. Charles A. de Lesseps.

Voilà, dans son ensemble, ce que contient le document.

Comme vous le voyez, Monsieur, ce n'est pas du tout *un arrangement.* M. Charles de Lesseps n'a pris aucun engagement, ni au nom de la Compagnie (ce qui dans tous les cas n'aurait pu avoir de valeur qu'après ratification), ni au nom du Conseil d'administration, ni même en son propre nom. Il a exprimé un avis, voilà tout. Les armateurs anglais ont exprimé un avis semblable et n'ont pas, de leur côté, pris le moindre engagement.

Mais pourquoi, dira-t-on, avoir pris la peine de rédiger et de signer un acte qui n'engage personne?

Il faudrait être dans le secret des signataires pour répondre exactement à cette question.

Il se peut qu'en dehors de l'acte on ait promis de faire des efforts pour obtenir des actionnaires qu'ils réalisent *les conditions jugées désirables.* Mais ces derniers n'ont nullement à s'occuper de cela. Ils sont aussi libres que si on n'avait rien fait. Pour eux, c'est l'essentiel.

Veuillez agréer, Monsieur, l'assurance de mes sentiments les plus distingués.

L. MAGOIS,

Actionnaire de la Compagnie du Canal de Suez,
Propriétaire à Paris, 1, rue du Général-Foy.

NOTE sur les explications publiées dans l'*Économiste Français* du 15 décembre 1888, en réponse aux lettres qui précèdent.

Dans son numéro du 15 décembre 1888 (page 747), l'*Economiste Français*, faisant allusion à quelques-unes des questions soulevées dans les deux lettres ci-dessus reproduites, reconnaît que pour leurs tarifs les actionnaires du Canal de Suez, ainsi que le déclare la seconde desdites lettres, sont restés *tout aussi libres que si rien n'avait été fait et si rien n'avait été signé par*

M. Charles de Lesseps et quelques armateurs d'outre-Manche.

Le rédacteur dit ensuite que, selon lui, en approuvant à l'assemblée du 12 mars 1884, bien qu'à une faible majorité, le rapport de M. de Lesseps, en élevant à une plus forte majorité, dans l'assemblée du 29 mai de la même année, le nombre des membres du Conseil d'administration à trente-deux, pour y faire entrer des armateurs et des négociants anglais, et en commençant l'application des détaxes, lesdits actionnaires, *sans se lier définitivement*, ont donné *une sorte d'adhésion* au moins *provisoire* à ce que M. de Lesseps appelait le programme de Londres. Puis il ajoute : « Aussi est-ce d'après lui (le programme) que » nous avons établi nos calculs des dividendes futurs. »

En ce qui concerne l'application partielle des détaxes, il y a dans ce qui précède une inexactitude, car c'est le *Conseil d'administration* qui a commencé cette application ; *ce ne sont pas les actionnaires.*

Quoi qu'il en soit, il importe de retenir que l'observation, dans son ensemble, aboutit quand même à cette conclusion : — que les actionnaires *ne se sont pas liés définitivement,* — et que la *sorte d'adhésion* qu'ils auraient, *très indirectement,* donnée au programme, *n'était que provisoire.*

Le rédacteur émet enfin l'opinion que la campagne sur la non-application ultérieure du programme doit être ajournée. Nous ne voyons pas nous-même d'inconvénient à un ajournement, l'avertissement préalable à publier pour la mise à exécution de nouvelles détaxes ne devant guère avoir lieu, s'il se réalisait, avant dix-huit mois environ. Mais nous sommes d'avis, néanmoins, que pour ne pas être pris au dépourvu, il ne faut pas trop ajourner. Nous croyons en outre que les actionnaires feront bien, en attendant, de ne rien négliger pour arriver à connaître très exactement la situation, afin d'être à même de se prononcer avec certitude, en temps opportun, dans le sens le plus conforme à leurs intérêts.

L. M.

18 décembre 1898.

Paris. — Imp. Dubuisson et Cie, rue Coq-Héron, 5. — PALLET, gérant. — 2517